Das Hundebuch für Kids

GESCHRIEBEN VON SANDRA BRUNS

KOSMOS

WIE HUNDE SIND, WAS HUNDE KÖNNEN

1.

UNTER EINEM DACH – GEMEINSAM LEBEN

2.

FEIN!

GUT ERZOGEN

3.

LUSTIGE HUNDESPIELE

4.

GO

GO

Wie Hunde sind, Was Hunde können.

1.

DAS ERBE DER WÖLFE

Alle Hunde haben eines gemeinsam: Sie sind die Nachkommen von Wölfen. Der Zusammenhalt mit den Menschen machte sie zu Haustieren. Der Mensch wiederum hat seitdem viel an seinem liebsten Haustier verändert. Vielfältige Rassen wurden gezüchtet, um den Menschen bei der Arbeit, als Beschützer und Begleiter zu dienen.

Bereits vor ca. 15000 Jahren, als Menschen noch in Höhlen hausten und keine Sprache hatten, begann die Erfolgsstory Hund. Als sich die ersten gezähmten Wölfe den Steinzeitmenschen angeschlossen haben, waren sie erst einmal Jagdhelfer. Der Mensch konnte die ausgezeichnete Nase und die Schnelligkeit der gezähmten Wölfe gut gebrauchen und die Wölfe bekamen die Reste der erlegten Beute als Belohnung. Ganz nebenbei haben sie damit Knochen und anderen Müll beseitigt, sie zeigten Eindringlinge durch Knurren an und wurden somit auch zum Wachposten. Mensch und Wolf haben sich also gegenseitig geholfen. Damals begann eine wunderbare Freundschaft zwischen Zwei- und Vierbeinern, durch die der Wolf zum Hund wurde. Deshalb ist der winzige Chihuahua der kleine Bruder vom riesengroßen Irischen Wolfshund.

HUNDE BRAUCHEN UNS MENSCHEN

Durch ihre Abstammung vom Wolf sind unsere Hunde immer noch Rudeltiere. Dabei brauchen sie - im Gegensatz zum Wildtier Wolf - uns Menschen als Rudelpartner. Andere Hunde sind zwar eine willkommene Bereicherung des Alltags, nötig ist und bleibt für unsere Hunde aber der Mensch. Im Rudel wird nach einer Rangordnung gelebt, die auch für einen Familienhund wichtig ist. Dabei sind gegenseitiges Vertrauen und Verständnis wichtig, aber auch eine klare Aufgabenverteilung. Das Erbe der Wölfe steckt in jedem Hund, sie sind immer noch Jäger, Müllschlucker und Teamplayer und wollen ihr Leben an unserer Seite verbringen.

> Hunde beherrschen immer noch das kleine Einmaleins der Wolfssprache: Sie nutzen hauptsächlich ihre Körpersprache zur Verständigung und verwenden dabei ähnliche Zeichen wie Wölfe.

GESTERN

HEUTE

BEAGLE

GOLDEN RETRIEVER

COCKER SPANIEL

LABRADOR RETRIEVER

KUNTERBUNTE RASSEN

Früher mussten Hunde dem Menschen einen Nutzen bringen. Sie wurden deshalb für verschiedene Aufgaben als Jagdhelfer, Wachhund oder Viehtreiber gehalten. Hunde mit den jeweiligen Eigenschaften wurden verpaart und deren Nachkommen wurden noch bessere Arbeitshunde. Für diese Aufgaben sind die Hunderassen ursprünglich entstanden und bringen bis heute ihre entsprechende Begabung mit.

FRENCH BULLY

MOPS

MISCHLING

Jede Rasse hatte ursprünglich einen speziellen Job, in dem unsere Hunde auch heute noch gern arbeiten würden. Gut, wenn sie hier gefordert werden.

Heute gibt es über die ganze Welt verteilt ungefähr 800 Hunderassen. Daneben gibt es viele Mischlinge, das heißt Mutter und Vater gehören unterschiedlichen Rassen an oder sind selbst Mischlinge. Wenn ein Hund reinrassig ist, müssen die Eltern der gleichen Rasse angehören. Die meisten Züchter von Rassehunden sind Mitglied in einem Rasseverein. Wenn die Hunde auf Hundeausstellungen der Rassezuchtvereine gute Noten bekommen, dürfen sie ganz offiziell Eltern werden. Auf einer Ausstellung bewerten Zuchtrichter, ob ein Hund zu den schönsten seiner Rasse gehört und hierfür sogar eine Auszeichnung bekommt.

FITNESS GEHT VOR SCHÖNHEIT

Für jede Rasse gibt es einen Rassestandard. Darin wird beschrieben, wie Hunde einer Rasse am besten aussehen und sich verhalten sollen. Nicht jeder Rassestandard ist aber gut für die Hunde. Es gibt extreme Zuchtformen, die Krankheiten mit sich bringen. Zum Beispiel ist die extrem kurz gezüchtete Nase bei Mops, Boxer und der Französischen Bulldogge ein Grund für Atemprobleme. Viele Rassen neigen zu angeborenen Fehlbildungen von Gelenken, die Schmerzen beim Gehen verursachen. Verantwortungsvolle Züchter achten deshalb darauf, nur gesunde und verträgliche Elterntiere zu verpaaren. Hunden ist es ganz egal, ob sie besonders schön aussehen. Stattdessen ist ihre körperliche und geistige Fitness wichtig, um den täglichen Aufgaben in ihrer Umwelt gewachsen zu sein.

LAUTER NETTE KUMPEL

Wenn man sich einen Hund anschafft, sollte man sich vorher über eines informieren: Was ist die besondere Begabung dieser Rasse? Danach entscheidet sich, ob die Rasse zu einem passen könnte. Die angeborenen Talente des Hundes muss man im Alltag unterbringen, ohne dass diese zum Problem werden.

Die meisten Hunde werden heute als Familienhunde gehalten. Sie begleiten ihre Menschen auf den Spaziergängen, warten zu Hause auf ihre Heimkehr und sollen möglichst freundlich zu Mensch und Tier sein. Um einen Hund glücklich zu machen, muss er regelmäßig gefordert und beschäftigt werden. Als Familienhund eignen sich deshalb besonders gut solche Hunde, die mit dem Menschen gern zusammenarbeiten und ein freundliches Wesen haben. Mutter und Vater eines Hundes sollten also gut gehorchen und auch zu Besuchern freundlich sein, damit ein angenehmer Begleiter aus ihm wird.

Die beliebtesten Familienhunde sind Hüte- und Treibhunde (z. B. Australian Shepherd, Collie, Berner Sennenhund), Retriever (z. B. Golden und Labrador Retriever), andere Jagdhunde (z. B. Cocker, Beagle, Jack Russell Terrier) und Zwerghunde (Mops, Malteser, King Charles Spaniel). Viele Rassen sehen zwar sehr schön aus, sind aber ungern nur Familienhunde.

Zum Beispiel der Border Collie: Sein Job war es, einen Großteil des Tages gespannt wie ein Flitzebogen zu sein, um eine Schafherde zu hüten. Deshalb wird er sich bei zu wenig Auslastung ungeeignete Ersatzschafe suchen, indem er versucht, Autos oder andere Hunde zu hüten. Ein sensibler Rhodesian Ridgeback - ursprünglich in Afrika als Löwenjäger und Wachhund gezüchtet - wird schnell überdreht und gestresst, wenn es zu turbulent zugeht.

TIPP

Vor der Anschaffung sollte man sich von einem Tierarzt oder einem guten Hundetrainer beraten lassen, ob und welcher Hund ein passender Kumpel für uns werden kann.

GOLDEN RETRIEVER

sind Jagdhunde, die Beute suchen und apportieren sollen.

★ ★ ★

FAMILIENHUND GESUCHT

Hunde sollen sich in ihrer Familie wohlfühlen, ebenso die Familie sich mit ihrem Hund. Weil Hunde ihre eigenen Interessen und Besonderheiten haben, sollten diese möglichst gut zu dem Leben ihrer Menschen passen. Ein Hund, der viel Beschäftigung braucht, wird eher zu aktiven Menschen passen, Ein sensibler Hund eher in einen ruhigen Haushalt.

BORDER COLLIE

Hütehunde wollen viel Beschäftigung und lernen schnell, leider auch Unarten.

★ ★ ★

JACK RUS- SEL TERRIER

Sie sollten es mit Fuchs und Wildschwein aufnehmen und sind daher draufgängerisch.

★ ★ ★

RHODESIAN RIDGEBACK

Die einstigen Löwenjäger sind schnell, stark und sehr sensibel.

★ ★ ★

WIE HUNDEKINDER ERWACHSEN WERDEN

VOM WELPEN ZUM HUND

Alle Welpen werden blind und taub geboren. Erst in der dritten Woche öffnen sich die Augen und Ohren. Von nun an schreitet die Entwicklung schnell voran. In diesen wichtigsten Lebenswochen sind viele gute Erfahrungen mit Menschen, Hunden und Alltagssituationen wichtig.

Bereits beim Züchter beginnt die Vorbereitung auf das spätere Leben. Die Welpen lernen, selbstständig Kot und Urin abzusetzen: gut, wenn sie ihre kleinen und großen Geschäfte auf Gras oder Erde erledigen können. Schon beim Züchter sollten die Welpen viel kennenlernen, z.B. spielerisch an das Autofahren oder an den Staubsaugerlärm gewöhnt zu werden.

Außerdem sollten die Welpen viel positiven Kontakt zu verschiedenen Menschen haben. Sie werden hierdurch zutraulich und lernen Menschen als Partner kennen. Wenn Welpen stattdessen im Zwinger aufwachsen, können sie diese Erfahrungen nicht sammeln und werden oft ängstlich und scheu. Beim Hundekauf sollte man einen zutraulichen Welpen auswählen.

BEIM ZÜCHTER

Hier lernen die Kleinen viel von Mutter, Geschwistern und dem Menschenleben.

★★★

ÜBEN

Wichtige Dinge wie z. B. Hunde-
manieren und SITZ lernt der
Hund im ersten Lebensjahr.

★ ★ ★

EIN WELPE ZIEHT EIN

Ab der 8. Lebenswoche werden die kleinen Hunde dann von
ihren neuen Besitzern abgeholt. Die Trennung von der Mutter
und den Geschwistern ist schwer. Deshalb sollte im neuen Zu-
hause erst einmal ständig ein Familienmitglied für den Hund
da sein. Während der Gewöhnung an das neue Heim sollte
man keine größeren Unternehmungen machen oder viel Besuch einladen. Einige Tage nach dem Einzug kann schon eine
Welpengruppe besucht werden. Darin treffen sich Welpen ver-
schiedener Rassen, die nicht älter als fünf Monate sind, und
üben spielerisch den höflichen Umgang miteinander. Geschul-
te Trainer achten darauf, dass die Welpen nett miteinander
umgehen. Außerdem werden Übungen wie SITZ und KOMM
trainiert. Die Kleinen erarbeiten sich mit ihren Menschen einen
Parcours aus Wackelbrett, Flattervorhang und Ballwanne, um
angstfrei durch solche ungewohnten Situationen zu folgen.

WAS NOCH GELERNT WERDEN MUSS

Zu Hause lernt der Kleine, seine Geschäfte draußen zu verrich-
ten, indem er regelmäßig und anfangs in kurzen Abständen
zum Pippimachen rausgetragen wird. Langsam sollte man dem

Welpen das Alleinsein beibringen, zu Beginn genügt es, ihn für
einige Sekunden oder Minuten allein in einem Raum zu lassen.
Ab dem 5. Monat wird aus dem Welpen ein Junghund, erwachsen ist er erst mit ca. 1,5 Jahren.

Welpen müssen besonders in der sogenannten Sozialisa-
tionsphase von der 3. bis ca. zur 14. Lebenswoche viel von
dem kennenlernen, was ihnen in ihrem späteren Leben begegnen wird.

REGEL

● ● ● ●

Spazierengehen darf ein Welpe
nur ganz kurz. Als Faustregel gilt:
fünf Minuten pro Lebensmonat und
Spaziergang.

WAS HUNDE ALLES KÖNNEN

Hunde sind wahre Supertalente, wenn es um ihre Arbeit mit dem Menschen geht. Sie lassen sich beispielsweise als Helfer für blinde Menschen oder solche im Rollstuhl ausbilden. Besondere Fähigkeiten wie die feine Nase und das gute Gehör, kombiniert mit einer guten Beobachtungsgabe, Bewegungsfreude und Lernfähigkeit, machen einen Hund nicht nur zum besten Freund, sondern auch zum Helfer des Menschen.

🐕 Hunde übertreffen den Menschen in vielen Leistungen. Vor allem ihr guter Riecher verblüfft uns Menschen immer wieder: Gerüche können sie tausendfach besser erschnüffeln als wir. Damit können sie uns sehr gut helfen, zum Beispiel als Jagdhund, Rettungshund oder Polizeihund. Der Jagdhund verfolgt die Spuren eines verletzten Tieres, und der Rettungshund findet den Menschen, der sich verlaufen hat oder bei einem Erdbeben verschüttet wurde. Bei der Polizei lernen Hunde den Geruch von Sprengstoff, Drogen oder Schmuggelware zu entdecken. Es gibt sogar Hunde, die über ihren Geruchssinn kranken Menschen helfen. Zum Beispiel können sie Menschen mit Diabetes oder Krampfanfällen (Epilepsie) vor einem solchen Anfall warnen.

WÄCHTER, HELFER, MUTMACHER ...

Auch hören können Hunde viel besser als wir. Wachhunde sind dabei besser als jede Alarmanlage. Das leiseste Rascheln im Gebüsch muss ein Hund auf der Jagd hören, um seine Beute zu erwischen. Allerdings hören Hunde auch Angst machende Geräusche wie Feuerwerk und Donner viel lauter als wir.

Eine Eigenschaft hat Hunde allerdings zum engsten Begleiter des Menschen werden lassen: Kein Tier kann unsere Körpersprache so gut verstehen wie der Hund. Daher können sie erkennen, wann wir uns traurig, ängstlich, aufgeregt oder gut gelaunt fühlen. Deshalb sind Hunde auch besonders gut darin, nicht nur Kumpel und Spielpartner zu sein, sondern auch zu trösten und Mut zu machen.

01

SERVICEHUNDE heben für behinderte Menschen heruntergefallene Gegenstände auf, öffnen Türen, bringen das Telefon und viele Dinge mehr.

02

Ein **BLINDENFÜHRHUND** muss seinen Menschen am Führgeschirr sicher durch den Verkehr leiten und dabei Zebrastreifen, Ampeln, Bordsteinkanten usw. finden.

Durch Training kann man die angeborenen Talente von Hunden fördern, sodass sie Menschen helfen können. Ihr feines Gespür für Stimmung und Situationen macht sie außerdem zum besten Kumpel.

SERVICE-HUND

BLINDEN-FÜHR-HUND

VERSTEHE DEINEN HUND

Um unseren Hund verstehen zu können, müssen wir seine Sprache lernen. Im Gegensatz zu uns kann er keine Worte benutzen. Stattdessen sprechen unsere Hunde hauptsächlich über ihren Körper, also die Haltung und Bewegung von Kopf, Beinen und Schwanz. Mit dem ganzen Körper drückt der Hund Freude, Angst oder Wut aus.

Sind Hunde, die mit dem Schwanz wedeln, immer freundlich? Die Antwort lautet „Nein"! Zwar wird der Schwanz, den man beim Hund Rute nennt, häufig zum Reden eingesetzt. Aber in erster Linie zeigt ein Hund mit dem Wedeln „Ich bin aufgeregt!" an. Das kann zur Begrüßung sein, im Spiel, beim Jagen und bei Stress. Hunde wedeln sogar mit der Rute, wenn sie sich kurz danach raufen werden. Nur wenn man sich alle Körperteile anschaut, versteht man, was er sagt. Steht er aufrecht, angespannt oder drückt er sich auf den Boden? Wie hält er seinen Kopf – wie sehen Ohren, Stirn, Augen und Lefzen aus? Wenn man einen Hund verstehen will, muss man also alle seine Körperteile als Gesamtausdruck in einer besonderen Situation betrachten. Darüber kann man erkennen, wie er sich gerade fühlt und was er am liebsten machen würde.

Über Laute wie Bellen, Fiepen oder Knurren verständigen sich Hunde nur sehr ungenau. Manche geben fast gar keinen Laut von sich. Deshalb kann es sein, dass ein Hund einen Einbrecher beißt, ohne dies durch Bellen oder Knurren anzukündigen. Aber es gibt auch einige Hunde, die viel reden. Häufig bellen Hunde aus Unsicherheit, um das Grundstück zu verteidigen, um Aufmerksamkeit zu bekommen, beim Jagen oder beim Spielen. Knurren kommt als Drohung vor, um jemanden zu vertreiben, oder auch im Spiel.

Um Hunde gut verstehen zu können, sollte man ihre Körpersprache lesen können. Am Körper eines Schäferhundes kann man die Hundesprache am besten erkennen. Aber nicht jeder Hund kann alle Körperteile gleich gut einsetzen. Bei Rassen mit Stummelrute, Schlappohren, langen Haaren oder kurzen Köpfen ist es schwieriger, die Körpersprache zu erkennen.

HUND
NEUTRAL

Entspannte
Körperhaltung
★ ★ ★
Rute in rassetypischer
Haltung

HUND FREUDIG

Rute wedelt locker ★ dabei halbhoch oder aufgerichtet ★ Ohren aufrecht ★ lockere Bewegungen wie Hopsen ★ verbeugen (Vorderkörpertiefstellung) ★ wälzt sich ausgelassen am Boden ★ anschmiegen ★ hochspringen ★ Hand lecken

HUND BESCHWICHTIGT

Rute wird tief gehalten ★ Lecken der eigenen Nase ★ gähnen ★ Hinterbeine eingeknickt ★ hebt ein Vorderbein an ★ geduckte Haltung von Kopf und Körper ★ weggucken ★ legt sich angespannt auf den Rücken

HUND DROHT UNSICHER (SELBSTVERTEIDIGUNG)

geduckte Körperhaltung ★ verspannt sich ★ starrer Blick am Gegenüber vorbei ★ steht etwas abgewandt ★ Ohren angelegt ★ Rute tief gehalten ★ starr ★ eventuell leichtes Wedeln ★ sträubt die Haare im Nacken- und Rückenbereich ★ Knurren und Bellen mit weit aufgerissenem Maul

HUND DROHT SICHER (WUT)

starre, aufgerichtete Körperhaltung ★ verspannt sich ★ starrer Blick fixiert das Gegenüber ★ Rute hoch gehalten ★ starr ★ eventuell leichtes Wedeln ★ sträubt die Haare im Nackenbereich ★ beim Knurren und Bellen wird das Maul nur wenig geöffnet

HUND - HUND - BEGEGNUNG

WENN HUNDE SICH UNTERHALTEN

Hunde sind wahre Meister darin, die Körpersprache des anderen zu erkennen. Bestimmte Gesten und Benimmregeln sind für den höflichen und gesitteten Umgang nötig. Wenn sie sich begegnen, wissen sie schon nach kurzer Zeit, ob der andere sich benehmen kann.

Unter Hunden gibt es feste Regeln für den höflichen Umgang miteinander. Um möglichst wenig Streit zu bekommen, gibt es sogenannte Rituale. Ganz wichtig ist das Begrüßungsritual zwischen fremden Hunden. Besonders die Begegnung mit einem fremden Artgenossen ist für viele Hunde aufregend, auch wenn es fast täglich auf dem Spaziergang dazu kommt. Auf größere Entfernung oder an der Leine sind Hunde oftmals gespannt wie ein Flitzebogen, ducken sich und fixieren den anderen. Das soll heißen: „Ich bin gewappnet! Sei besser vorsichtig." Manche Hunde legen sich vor Aufregung hin und beobachten den anderen Hund, bis er endlich da ist. Wenn sie dann nah zusammenkommen, beschnüffeln sie sich meist gegenseitig an der Nase –, das ist das eigentliche „Hallo!".

Wenn dies nett abläuft, gehen sie umeinander herum und beschnüffeln sich am Hinterteil. Dabei erfahren sie eine ganze Menge über den neuen Bekannten, wenn sie dort schnuppern. Rund um den Po und an den Geschlechtsteilen trägt jeder Hund seine persönlichen Daten in Form von Duftbotenstoffen, sogenannten Pheromonen. Daraus erkennt der andere zum Beispiel das Alter, Geschlecht, Selbstbewusstsein und den Gesundheitszustand des anderen. Manche Hunde, vor allem jüngere, lieben es, miteinander zu spielen. Ein Verbeugen, die sogenannte Vorderkörpertiefstellung, fordert dazu auf. Ältere Hunde wehren aufdringliche junge Hunde oft durch Schnappen in die Luft ab, damit diese ein besseres Benehmen lernen. Das ist gut so, denn die richtigen Benimmregeln müssen Hunde erst lernen.

TIPP

Nicht jeder Hund will spielen: anrempeln, aufreiten oder runterdrücken sind ausgesprochen unhöflich, wenn jemand nicht mitspielen möchte.

VON HUND ZU HUND

Nicht jeder Hund will spielen!

★ ★ ★

Zum meist ungefährlichen Showkampf kommt es, wenn beide Hunde sich anspringen, aneinander hochspringen und laut bellend in die Luft schnappen. Hier sollten wir Menschen uns auf keinen Fall einmischen, weil es die Hunde nur anspornen würde. Bei einer Rauferei von zwei Hunden sollten die Halter in verschiedene Richtungen weggehen. Dann gehen die Streithähne am schnellsten auseinander.

RANGORDNUNG UND IMPONIEREN

Unter Hunden, die in einem Haushalt leben oder sich mehrfach täglich sehen, baut sich eine Rangordnung auf. Dabei nimmt sich der dominante, also ranghohe Hund besondere Vorrechte. Der rangniedrige Hund überlässt ihm z. B. die guten Liegeplätze, den Kauknochen und die Nähe zum Besitzer. Diese Rangordnung wird meist nicht durch Raufereien ausgemacht, sondern über feinste Körpersprache.

Wenn einander fremde Hunde sich auf dem Spaziergang begegnen, entsteht keine feste Rangordnung. Jeweils zwischen zwei Rüden oder zwischen zwei Hündinnen kann es manchmal zu Feindschaften kommen, weil sie den anderen als Konkurrenten wahrnehmen. Meist wird nur über Körpersprache gedroht und es kommt zum kampflosen Imponieren. Dabei wird versucht, den anderen durch Großmachen und In-den-Weg-Stellen zu beeindrucken.

HUND - MENSCH

WENN HUND UND MENSCH SICH UNTERHALTEN

Da Hund und Mensch verschiedene Sprachen sprechen, muss jeder die Fremdsprache des anderen lernen. Wir Menschen können das Verhalten unserer Hunde immer besser verstehen, je intensiver wir uns damit beschäftigen. Hunde lernen nur durch Training die Bedeutung von Worten und Handzeichen.

Je leichter wir uns den Grund für das Verhalten des Hundes erklären können, desto besser verstehen wir ihn. Für Hunde ist es einfacher, kurze klare Signale und deutliche Handzeichen zu erkennen. Noch leichter wird es für den Hund, wenn wir ein Signal (Hörzeichen) zusammen mit einem Handzeichen verwenden. Um uns zu verständigen, benötigen wir die Aufmerksamkeit unseres Hundes. Das deutlichste Zeichen dafür ist, wenn der Hund uns anschaut. Nur so haben wir seine volle Aufmerksamkeit und können sicherstellen, dass er nicht abgelenkt ist.

DER HÖRT NICHT

Leider lernen manche Hunde schnell, das Rufen ihrer Menschen zu überhören. Das passiert immer dann, wenn vom Hund ohne Training etwas verlangt wird. Er weiß dann einfach nicht, was gemeint ist. Ebenso ist es, wenn wir etwas verlangen, zu dem er nicht bereit ist. Zum Beispiel den Rückruf „Hier!", wenn er gerade seinen besten Kumpel trifft oder ein Kaninchen wegflitzen sieht. Wenn wir jetzt erfolglos rufen, lernt der Hund, dass er unser Kommando auch in Zukunft überhören kann.

Andersherum ist es wichtig, dass wir die Zeichen unserer Hunde nicht übersehen. Wenn ein Hund zum Beispiel nicht gestreichelt werden möchte, zeigt er dies erst einmal durch feinste Signale. Wenn wir weiterstreicheln, obwohl der Hund sich wegdreht, duckt und die Ohren zurücklegt, empfindet er dies als unhöflich. Es kann sein, dass er dann deutlicher zeigt: „Fass mich nicht an!", indem er sich anspannt und knurrt. Um das zu vermeiden, ist es wichtig, kleinste Anzeichen von Unwohlsein zu erkennen.

Wenn wir die Körpersprache von Hunden gut lesen können und der Hund unsere Signale versteht und befolgt, haben wir eine gute Hund – Mensch – Beziehung.

Unter einem Dach – gemeinsam leben.

DEINE TÄGLICHEN AUFGABEN

Einen Hund zu besitzen heißt, für ihn verantwortlich zu sein. Täglich muss der Hund mit Futter und Wasser versorgt werden und ausreichend beschäftigt und bewegt werden. Die Fellpflege ist je nach Rasse regelmäßig, teilweise jeden Tag nötig.

TOP

Hunde wollen täglich gefüttert und beschäftigt werden. Der Futterbeutel ist beliebt.
★★★

GASSI GEHEN

Wenn der Hund seinem Menschen folgt, macht es besonders viel Spaß.
★ ★ ★

🏠 In einer Familie werden die Aufgaben meist aufgeteilt. Dabei kommt es auf eine gute Absprache an. Denn wenn der Hund nach dem Zufallsprinzip gefüttert oder Gassi geführt wird, kann er seine Familie schnell als unzuverlässig empfinden. Solche Hunde werden oft echte Nervensägen, weil sie sich ihr Futter und die Aufmerksamkeit ihrer Menschen erbetteln müssen.

Hunde sollten ständig Zugang zu frischem Wasser haben. Da sich beim Trinken immer auch Speichel im Napf absetzt, sollte das Wasser mindestens einmal täglich erneuert werden. Das Futter hingegen sollte der Hund nur zu bestimmten Zeiten angeboten bekommen. Welpen bekommen bis zu viermal täglich Futter, erwachsene Hunde zweimal. Wenn ein Hund viel Beschäftigung oder Erziehung benötigt, kann man auf feste Mahlzeiten verzichten und den Hund sein Futter erarbeiten lassen.

TIPP

Es ist möglich, dass der Hund sich sein gesamtes Futter als Belohnung für Sitz, Platz, Fuß oder den Rückruf erarbeiten muss. Er wird sich aber auch freuen, wenn er sich sein Futter z. B. über die Suche nach einem Futterdummy erarbeiten kann – denn Beschäftigung ist für Hunde einfach toll!

DAMIT IHR EUCH VERSTEHT

Beim täglichen Zusammenleben mit dem Hund kommt es manchmal auch zu Missverständnissen und Streit. Hunde sehen uns zwar als Partner an, sind aber, genau wie wir, nicht immer gut gelaunt. Sie können sich auch fürchten, bedroht fühlen, neidisch sein oder sich wie ein Jäger verhalten.

Wenn man seinen Hund gut kennt und weiß, was er mag oder auch nicht, kann man solche Missverständnisse vermeiden. Dazu gehört vor allem, den Hund nicht zu bedrohen oder zu bedrängen. Manche Hunde fühlen sich schon bedroht, wenn sie von einem Menschen oder einem anderen Hund länger angeschaut werden. Andere erschrecken, wenn du mit der Hand nach ihnen greifst, um sie zu streicheln. Deshalb solltest du möglichst immer dafür sorgen, dass der Hund sich wohlfühlt – also Abstand und Ruhephasen einhalten, wenn der Hund es braucht.

Damit das Zusammenleben mit unserem Hund nicht anstrengend wird, darf er nicht der Bestimmer sein. Deshalb ist es besser, wenn man ihn nicht vom Tisch füttert. Betteln und aufdringliches Hochspringen wird nicht beachtet. Es fällt ihm

MEINS

Jeder Hund braucht einen Rückzugsort. Dort darf er nicht gestört werden.

★ ★ ★

BETTELN

Bekommt der Hund hier etwas ab, wird er schnell zum Bestimmer.

★ ★ ★

meist leichter, wenn er ignoriert wird, indem wir ihn nicht anschauen, nicht ansprechen, nicht anfassen. Ganz wichtig ist zum Beispiel, dem Hund das Warten beizubringen, bis er dran ist.

DIE EIGENEN VIER WÄNDE

Dabei ist es gut, wenn der Hund einen Rückzugsort bekommt, wo ihn niemand stören darf. Wenn es ein sehr junger oder aktiver Hund ist, fällt ihm das Warten in einer geschlossenen Box meist leichter als auf einer frei liegenden Hundedecke. Damit der Hund diese Höhle gut findet, sollte er daran gewöhnt werden. Dies erreicht man durch Füttern und Trainieren von Platzübungen in der Box über einige Tage bis Wochen. Wenn der Hund den Rückzugsort, z. B. eine Hundebox, entspannt kennenlernt, wird er seine Höhle überall als Schlafplatz akzeptieren und eine Zuflucht haben, wenn es mal turbulent zugeht.

TIPP

Jubel, Trubel, Heiterkeit – das gehört zum Familienleben dazu! Manche Hunde lassen sich jedoch so sehr anstecken, dass sie sich stark aufregen und dann bellen oder hochspringen. In solchen Situationen bringt es nichts zu schimpfen. Besser ist ein Entspannungstraining, bei dem der Hund lernt, ruhig zu warten.

WICHTIGE DINGE

Futter, Spielzeug und Liegeplätze, eben alles, was dem Hund wichtig ist, nennt man Ressourcen.

★ ★ ★

Wer viele tolle Dinge hat, steht oft im Mittelpunkt. Wenn man damit vor anderen angibt, ist man eher unbeliebt. Lässt man andere auch daran teilhaben, findet man schneller Freunde. Dabei kommt es darauf an, dass man die Spielregeln einhält und höflich ist. Bei unseren Hunden spielen tolle Dinge – man nennt sie Ressourcen – eine ähnliche Rolle. Für Hunde sind solche Ressourcen z. B. Futter und Spielzeug, Ruheplatz, Haus und Hof oder beliebte Menschen.

Es gibt in einem Haushalt viele Dinge, die nicht für den Hund bestimmt sind. Dazu zählen z. B. deine Spielsachen, Socken, die Fernbedienung oder Schuhe. Junge Hunde müssen dies erst einmal lernen. Am besten bietet man ihnen erst einmal eigene Spielzeuge und Kauknochen an und räumt besonders gut auf. Wenn ein Hund etwas geklaut hat, kann man notfalls versuchen, dies gegen ein Stück Futter oder sein Lieblings-spielzeug einzutauschen. Gar nicht gut ist es nämlich, wenn man versucht, dem Hund den Gegenstand durch Hinterher-laufen und Schimpfen wegzunehmen. Er denkt dann nämlich, dass man ein Fangspiel macht. Damit der Hund lernt, dass er manche Sachen nicht nehmen darf, muss er freundlich, aber bestimmt davon abgebracht werden.

UM HÖFLICHES VERHALTEN ZU TRAINIEREN, SOLLTE DER HUND FOLGENDE DINGE LERNEN

Ruhig sein, bevor ein Spielzeug geworfen wird.

Wenn er den Ball durch Bellen oder Hochspringen ein-fordert, wartet man, bis er sich beruhigt.

Sitzen und warten, wenn das Futter zubereitet wird.

Er soll nicht anspringen oder drängeln. Kurz bevor der Napf hingestellt wird, muss er sich hinsetzen.

Das Signal „Auf deinen Platz!" trainieren

Bei diesem Signal wird er mit einem Leckerli auf seinen Platz gelockt und für das Hinlegen belohnt, später gibt es die Belohnung nur, wenn er dort länger liegen bleibt.

Anspringen bringt nichts

Beim Anspringen darf der Hund nicht gestreichelt, ange-schaut und angesprochen werden. Am besten ist, er lernt sich stattdessen hinzusetzen.

SOFA
Wenn du und deine Familie auf dem Sofa sitzen wollen, geht der Hund ins Körbchen.
★ ★ ★

ACTION BITTE!

Gemeinsames Toben macht Spaß!
★ ★ ★

ALLES ZU SEINER ZEIT

Ein geregelter Tagesablauf ist für Hunde ebenso wichtig wie für uns. Wenn wir ständig neu entscheiden müssten, was wir als Nächstes machen, würden wir schlappmachen. Auch für das Zusammenleben von Hund und Mensch ist ein vernünftiger Wechsel aus Aktion und Ruhe wichtig.

Hunde und Menschen hängen sehr an ihren Gewohnheiten. Das liegt daran, dass sich der Körper an einen Schlaf-Wach-Rhythmus gewöhnt. Im Vergleich zum Menschen schlafen oder ruhen Hunde viel länger als Menschen: im Durchschnitt 15 Stunden pro Tag, während uns 8 bis 10 Stunden genügen. Das ist gut so, denn wenn wir den Hund während unserer Arbeit oder Schule allein lassen, kann er sich ausruhen. Damit er sich auch entspannen kann, ist es wichtig, ihm das Alleinsein in kleinen Schritten beizubringen. Je ruhiger wir das Weggehen und Heimkommen gestalten, desto besser schafft er es, ohne uns zu sein.

DU BIST DER BESTIMMER

Zu den gemeinsamen Unternehmungen sollte nicht der Hund auffordern. Schnell hat man sonst eine vierbeinige Nervensäge, der stets nach Aufmerksamkeit und Beschäftigung sucht. Regelmäßige Spaziergänge sind nötig, um den Hund ausreichend zu bewegen und auszulasten.

TIPP

Wenn der Hund neben den notwendigen Ruhepausen regelmäßig mit Gehorsamsübungen oder Beschäftigungsspielen ausgelastet wird, muss er nicht um die Aufmerksamkeit seiner Menschen betteln. Dabei ist es wichtig, dass der Mensch bestimmt, wann es Futter gibt, wann es zum Spaziergang geht und wann gespielt wird.

WARTEN bis man dran ist. Gerade junge Hunde müssen dies erst lernen. ★★★

EIN BISSCHEN STYLING

Jeder Hund braucht eine Haut, in der er sich wohlfühlt. Deshalb sind Hunde, egal wie lang die Haare sind, auf unsere Hilfe angewiesen. Die regelmäßige Kontrolle auf Hautkrankheiten, das Überprüfen der Krallen und das Absuchen nach Flöhen oder Zecken gehören dazu.

🏠 Nicht jeder Hund mag Bürsten, Baden oder den Besuch beim Hundefriseur. Denn dabei müssen sie stillhalten, es kann ziepen und manche Hunde fühlen sich dabei so unwohl, dass sie weglaufen möchten. Damit die Fellpflege für alle Beteiligten angenehm verläuft, kann man den Hund schrittweise daran gewöhnen. Das Weglaufen und Einfangen kann man durch eine Leine verhindern. Beim Welpen übt man am besten mit einem Kauknochen, sodass er sich beim Kämmen mit etwas Schönem beschäftigen kann. Für vierbeinige Pflegemuffel sind täglich einige Bürstenstriche mit Ablenkung durch Leckerli zur Gewöhnung gut. Dabei sollte man eine wenig ziepende Bürste oder einen Kamm verwenden.

Besondere Aufmerksamkeit brauchen Hunde mit vielen Haaren im Gesicht, denn bei ihnen muss man die Augen freischneiden oder einen Zopf machen. Zur Grundpflege gehört auch, regelmäßig in die Ohren und ins Maul zu schauen.

Von Frühjahr bis Herbst sollte man den Hund nach dem Spaziergang auf Zecken absuchen, bevor sich diese festsaugen. Antizeckenmittel vom Tierarzt schützen vor diesen Parasiten.

01

Im Ohr muss regelmäßig überprüft werden, damit sich nicht übermäßig viel Ohrenschmalz ansammelt. Häufiges Ohrenschütteln und Kratzen treten bei einer schmerzhaften Ohrentzündung auf, die dann umgehend von einem Tierarzt behandelt werden sollte.

02

Zur Zahnpflege gibt es spezielle Hundezahnpasta oder zuckerfreie Kauknochen. Wenn die Zähne einen dunklen Belag haben, müssen sie vom Tierarzt mit einem speziellen Ultraschallgerät gereinigt werden.

03

Manche Hunde, wie z. B. Pudel oder West Highland White Terrier, müssen regelmäßig zum Hundefriseur. Dort werden die Haare mit einem speziellen Friseurwerkzeug in Form gebracht.

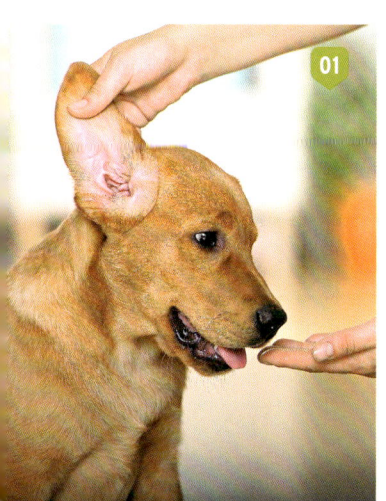

PFLEGE MUSS SEIN

TIERARZT DR. HUNDGESUND

Beim Tierarzt wird der Hund wenigstens einmal jährlich gründlich untersucht und geimpft. Alle paar Monate ist eine Behandlung gegen den Befall von Würmern, Zecken und Flöhen nötig. Wenn der Hund krank ist, kann der Tierarzt meistens schnell helfen.

HERZ

Regelmäßig wird es abgehört, um Herzerkrankungen frühzeitig zu erkennen.

★ ★ ★

OHR

Im Ohr kommt es manchmal zu einer Entzündung, die behandelt werden muss.

★ ★ ★

🏠 Hunde können sich genauso schnell wie wir mit einer Krankheit anstecken. Meistens sind das Husten oder Durchfall und Erbrechen, ganz so wie beim Menschen. Hier kann der Tierarzt helfen, damit der Hund schnell wieder fit wird. Es gibt allerdings auch ansteckende Krankheiten, die besonders gefährlich und schwer zu behandeln sind. Um unsere Hunde davor zu schützen, bekommen sie regelmäßig eine Impfung. Dadurch kann der Körper selbstständig Abwehrkräfte bilden, damit eine solche Erkrankung nicht ausbricht.

VORSORGEN IST BESSER ALS HEILEN

Bei dem jährlichen Impftermin untersucht der Tierarzt den Hund auch auf andere Krankheiten und beantwortet Fragen zur Pflege und Gesundheit. Manchmal kommt es vor, dass ein Hund sich ungern untersuchen lässt. Dann ist es nötig, beim Tierarzt häufiger das Anfassen und Stillhalten zu üben, ohne dass es dabei immer gleich eine Spritze gibt.

TIPP

Das Stillhalten auf dem Untersuchungstisch ist wichtig, damit der Tierarzt den Hund richtig untersuchen und ihm helfen kann. Manche Hunde benötigen einen Maulkorb, damit sie behandelt werden können. Am besten trainiert man das Tragen des Maulkorbs, das Festhalten und Untersuchen vorher, damit der Hund sich daran gewöhnt.

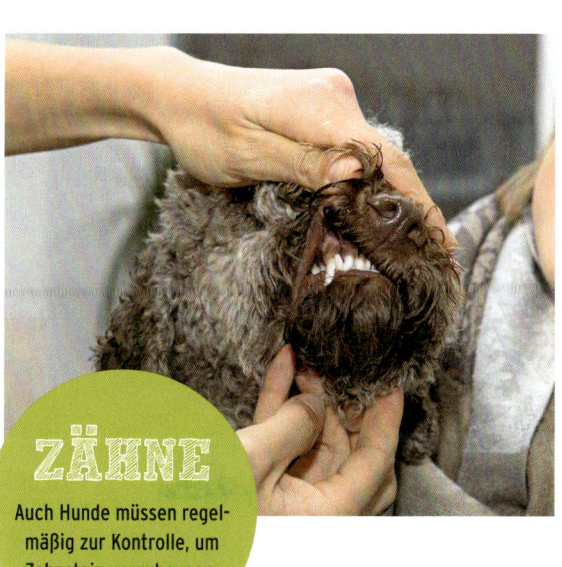

ZÄHNE

Auch Hunde müssen regelmäßig zur Kontrolle, um Zahnstein vorzubeugen.

★ ★ ★

AUSWEIS

Hier werden alle Impfungen erfasst. Er dient auch als Personalausweis auf Reisen.

★ ★ ★

WENN FREUNDE KOMMEN

Wenn es an der Haustür klingelt, rasen viele Hunde bellend zur Tür. Wenn dann Fremde davor stehen, spielen sich manche als Wachhund auf. Andere freuen sich so sehr, dass sie die Besucher stürmisch anspringen. Was können wir, unsere Hunde und die Besucher tun, um uns gut zu verstehen?

HALLO

Statt einer Umarmung ist es besser, wenn der Hund einen Futterball bekommt.

★ ★ ★

SPIEL-PARTNER?

Manche Hunde regen sich sehr auf, wenn sie beim Spielen mitmischen.

★ ★ ★

🏠 Die wenigsten Besucher freuen sich über stürmische oder bellende Hunde an der Haustür. Stattdessen erschrecken sie sich oder bekommen Angst. Den Hund zu ignorieren und ruhig daran vorbeizugehen, ist in solchen Situationen meist am besten. Aber für sehr stürmische und laute Hunde ist es besser, sie gleich von der Haustür fernzuhalten. Dazu kann man sie anbinden und ihnen zur Ablenkung einen Kauknochen geben. Wenn einige Minuten nach der Begrüßung wieder Ruhe eingekehrt ist, kann der Hund abgeleint werden, um kurz schnüffelnd „Hallo!" zu sagen.

LASS IHN EINFACH IN RUHE!

Besucher und Freunde müssen den Hund natürlich auch mit Respekt behandeln. Sobald der Hund sich zurückzieht oder hinlegt, muss er in Ruhe gelassen werden. Freunde, die deinen Hund an seinen Platz verfolgen, müssen das sofort lassen. Wenn es beim Spielen mit den Freunden mal etwas lauter und hektischer zugeht, sollte der Hund nicht mitmischen. Schnell kann der Hund sich dabei bedroht fühlen und im Stress nach einem deiner Freunde schnappen.

TIPP

Die Haustür ist für viele Hunde der wichtigste Ort im Haus. Dort wird begrüßt, bewacht und gewartet. Deshalb sind sie beim Zusammentreffen mit Besuchern oft sehr aufgeregt. Wenn der Hund Besucher wild anspringt oder böse anbellt, darf er sie nicht mehr im Eingangsbereich der Wohnung begrüßen.

Gut
erzogen

3.

FEIN

Lobe und belohne, wenn der Hund etwas macht, was du von ihm möchtest.

★★★

NO

Verhindere, dass er etwas Falsches, also von dir Unerwünschtes macht.

★★★

WIE HUNDE LERNEN

Von Hundebesitzern hört man ab und zu den Satz: „Der weiß genau, was er tun soll, aber er ist stur!" Fast immer handelt es sich dabei um ein Missverständnis. Hunde verstehen die Körpersprache und Worte ihrer Menschen nicht immer so, wie wir uns das wünschen. Damit der Hund uns gut gehorcht, müssen wir verstehen, wie und warum er lernt.

💙 Hunde lernen ständig, also auch nach der Schule, beim Spielen und zu Hause. Wie jedes Lebewesen muss auch er in diesen Situationen lernen, sich gut an die Umgebung anzupassen. Er wird für sich Vorteile, also Belohnungen, suchen und Nachteile, also Strafen, vermeiden. Alles, was ein Hund gut findet, stellt eine Belohnung dar. Wenn sich ein Verhalten lohnt, wird der Hund es häufiger zeigen. Eine Belohnung können außer Futter, Spielzeug oder Beachtung durch uns Menschen auch ein anderer Hund oder ein weglaufendes Kaninchen sein. Andererseits gibt es Strafen, also schlechte Folgen eines Verhaltens, wie z.B. ignoriert oder ausgeschlossen werden, zu erschrecken oder angegriffen werden. Belohnung und Strafe müssen innerhalb einer Sekunde folgen, damit der Hund lernt, was wir Menschen für richtig oder falsch halten. Am wichtigsten ist es, dass man den Hund häufig für ein richtiges Verhalten belohnt, statt ihn für ein schlechtes Verhalten zu strafen. Nur so kann er das Richtige lernen.

VOKABEL-TRAINING FÜR DEN HUND

Um sich mit uns zu verständigen, muss ein Hund Zeichen von uns lernen. Das geht am einfachsten über Hand- oder Sichtzeichen: Zum Beispiel bedeutet ein hochgestreckter Finger „Setz dich!" oder Hinhocken mit ausgestrecktem Arm „Komm zu mir!". Signale, die man auch Hörzeichen nennt, lernen Hunde nur durch gutes Training. Das Training der wichtigsten Gehorsamsübungen wird auf den folgenden Seiten vorgestellt.

> Wenn Hunde lernen, passen sie ihr Verhalten so an, dass sie Vorteile davon haben. Im Hundetraining musst du diese Vorteile (Belohnungen) so einsetzen, dass der Hund sie nur für ein gutes Verhalten bekommt.

APPORT
!!!

CLICKER

Das Clickgeräusch sagt dem Hund, wann er sich eine Belohnung verdient hat.

★ ★ ★

DER NAME

Namen sind eine Erfindung des Menschen. Tiere nennen sich unter-einander nicht beim Namen, da sie nicht mit Worten sprechen können. Allerdings können wir unseren Hunden, wie den meisten Tieren, ihren Namen leicht beibringen. Ziel ist es, dass sie beim Nennen ihres Namens zu uns schauen.

♥ Das Ziel des Namentrainings ist es, dass unser Vierbeiner uns seine Aufmerksamkeit schenkt, nach dem Motto: „Ja, was kann ich für dich tun?" Um das beispielsweise mit BELLA zu erreichen, muss das Wort BELLA eine Bedeutung für die Hündin bekommen. Am Anfang muss dafür häufig Folgendes geübt werden: BELLA sagen und ihr direkt danach schmackhaftes Futter geben. Sie soll lernen, dass es sich lohnt, sich ihrem Menschen zuzuwenden. Anfangs wird dies am besten zu Hause geübt, während der Hund ganz in der Nähe ist und nicht besonders abgelenkt ist.

DIE UNSICHTBARE LEINE

Später steigert man die Ablenkung, also wird es auch auf dem Spaziergang und mit etwas Entfernung trainiert. Dabei kann der Name z. B. vor dem Rückrufsignal genannt werden. So kannst du testen, ob der Hund abrufbar ist. Allerdings sollte auch der Hundename nur in Ausnahmefällen überhört werden. In solchen Situationen, in denen der Hund zu abgelenkt ist, muss dann erst einmal angeleint und mit einer besonders schmackhaften Belohnung trainiert werden. Wenn der Hund auch unter großer Ablenkung gut auf seinen Namen hört, kann er auch häufiger ohne Leine frei laufen.

Der Name des Hundes sollte immer eine positive Bedeutung für ihn bekommen. Deshalb darf er nicht beim Schimpfen verwendet werden.

BELLA

Der Name soll die Aufmerksamkeit des Hundes auf uns lenken. Er soll sich konzentrieren.

★ ★ ★

FEIN!

ÜBUNG

Der Hund wird mit Futter weggelockt und soll sich auf Signal davon abwenden.

★ ★ ★

NEIN

Ein gut trainiertes Signal wie **NEIN** benötigen wir, um den Hund von etwas abzuhalten, beispielsweise wenn er etwas vom Tisch klauen will. Damit dieses Signal klappt, sollte der Hund anfangs für braves Verhalten belohnt werden. Gerade bei diesem Signal sind häufige Trainingssituationen notwendig, bis es klappt.

💙 Das Wort NEIN wird zwar meist verwendet, ist aber eigentlich nicht zu empfehlen. Es wird oft gesagt, ohne dass der Hund gemeint ist. Deshalb ist es besser, ein Kommando wie LASS oder NO einzuüben, damit der Hund weiß, dass er gemeint ist. Ziel der Grundübung ist es, dass der Hund sich z. B. von einer Futterverlockung abwendet.

ÜBUNG ZU ZWEIT

Hierzu kann man folgende Übungen machen: Das Verbotswort kann man besonders gut zu zweit üben. Dabei muss die zweite Person den Hund mit Leckerli aus der Hand verlocken und anfüttern. Nach einer vorher vereinbarten Anzahl Futterstückchen sagst du NO, und dein Helfer hört auf zu füttern und ballt die Hand zur Faust. Wenn der Hund von der Futterhand des Helfers wegschaut, kann man ihn loben mit FEIN und von der Verlockung abrufen mit KOMM. Dafür wird er dann von dir belohnt.

Eine andere Übung ist es, den Hund anzubinden und eine Futterverlockung auf den Boden zu legen, die er nicht erreichen kann. Sobald er versucht, dorthin zu kommen, sagst du NO. Wenn er vom Futter wegschaut, darf er belohnt werden. Das Ziel der Übung ist es, dass dein Hund Futter, das am Boden liegt, nicht aufnimmt. Dafür, dass er es liegen lässt, solltest du ihn häufig belohnen.

TIPP

Das **Nein** oder **No** sollte man nur selten benutzen, damit es sich nicht so schnell abnutzt. Bevor man es im Alltag einsetzt, muss es im Training zuverlässig klappen.

VERLOCKUNG

Wenn der Hund herumliegendes Futter fixiert, hält man Abstand und sagt „No!"

★★★

PRIMA

Sobald er von der Verlockung wegschaut, wird er gelobt und belohnt.

★★★

NEIN UND AUS

Auf das Kommando AUS soll der Hund etwas hergeben,
zum Beispiel einen gefundenen Knochen oder sein Spielzeug.
Auch diese Übung klappt nur, wenn der Hund gern darauf
gehorcht. Das Hergeben muss sich für ihn lohnen.

KLAUEN

Gefundenes Fressen wird
nicht gern geteilt – ein
Tausch ist in Ordnung.

★ ★ ★

HALT

Viele Hunde rennen davon, wenn wir ihnen etwas wegnehmen wollen.

★ ★ ★

STOP!

💙 Das Hergeben von Futter oder Spielzeug ist eine wichtige Übung. Sie kann lebensrettend sein, wenn der Hund einen Giftköder oder einen spitzen Knochen findet. Allerdings sind unsere Hunde von Natur aus Schlinger. Das heißt, sie kauen nicht lange auf etwas herum, sondern schlucken auch große Brocken schnell hinunter. Wenn FIDO im Park Grillreste findet, wird er nicht lange zögern, um sie zu fressen. Auch eine geklaute Socke oder ein Spielzeug wird manch ein Hund ungern hergeben. Nun muss man geschickt handeln, damit der Hund die Sachen ausspuckt.

Du solltest nicht hinter deinem Hund herrennen und versuchen, es ihm abzujagen. Denn dann wird er vermutlich weglaufen oder versuchen, die Beute schnell hinunterzuschlingen. Probiere stattdessen, den Hund mit einem anderen Spielzeug, einem geworfenen Stöckchen oder mit Leckerli von seiner Beute abzulenken. Am besten lernt der Hund von Welpenalter an, dass es sich lohnt, Dinge herzugeben. Diese Übung

kann man mit einem Kauknochen trainieren, den der Hund bekommt. Dann zeigst du ihm ein begehrtes Leckerli. Wenn er den Kauknochen ausspuckt, sagst du AUS und gibst ihm das Leckerli. Nimm den Kauknochen nicht gleich weg, sondern lass ihn erneut daran herumkauen. Dann kannst du diese Übung mehrmals wiederholen. Die Übung wird immer schwieriger, je weicher der Kauknochen wird. Deshalb beende die Übung, bevor der Hund den Kauknochen nicht mehr tauschen würde.

TIPP

● Übe Ausgeben als Tauschgeschäft mit einem Super-Leckerli.

● Trainiere das Tauschen in verschiedenen Situationen.

● Hunde, die Futter verteidigen, sind gefährlich. Halte lieber Abstand!

SITZ, PLATZ UND BLEIB

In manchen Situationen ist es besser, wenn der Hund abwartet und bleibt. Zum Beispiel wenn ein Fahrrad vorbeifährt oder die Autotür geöffnet wird. Auch Hunde, die beim Begrüßen gern anspringen, sollten lernen, unten zu bleiben. Für diese und viele andere Situationen benötigen wir die Signale SITZ, PLATZ und BLEIB.

BLEIB

Das lernt ein Hund am besten, wenn Abstand und Dauer langsam erhöht werden.

★★★

BRAV

zum Boden und ziehst sie am Boden etwas nach vorn. Die Bewegung kann man sich als L von der Nase des Hundes über den Boden vorstellen.

BLEIB bedeutet, dass dein Hund im SITZ oder PLATZ warten soll, auch wenn du dich von ihm entfernst. Dabei ist es wichtig, die Zeit und den Abstand zum Hund immer nur ein bisschen zu vergrößern. Am Ende sollte der Hund immer wieder abgeholt werden und die Belohnung bekommen, wenn er noch sitzt oder liegt.

♥ Dabei bedeutet das Signal SITZ: Setz dich dort, wo du bist, sofort hin und warte dort, bis ich dir etwas anderes sage. Das Signal PLATZ heißt: Leg dich sofort hin und warte dort, bis ich dir etwas anderes sage. BLEIB wird zur Verstärkung eingesetzt, damit der Hund wartet, bis er wieder aufstehen darf.

Am einfachsten lernen Hunde diese Übungen, indem sie mit Futter in die richtige Position gelockt werden. Ein hochgehobener, ausgestreckter Zeigefinger und ein Leckerli in der Handfläche werden vor der Nase des Hundes nach oben geführt. Dabei setzen sich die meisten Hunde automatisch hin. Während der Hund den Popo nach unten nimmt, sagt man das Wort SITZ. Diese Position sollte man anfangs sofort belohnen, dann erst, nachdem er einige Sekunden sitzen geblieben ist, und später nur noch ab und zu. Nach der Belohnung oder zum Beenden der Übung sagst du z. B. LAUF als Signal für das Ende der Übung.

Beim Kommando PLATZ kann man den Hund mit einer flach ausgestreckten Hand (Handzeichen) und einem Leckerli in die richtige Position lenken. Dabei führst du die Hand mit dem Leckerli vor den Vorderbeinen des sitzenden Hundes langsam

Bei ganz kleinen Hunden ist es oft nötig, dass sie unter einer Barriere wie einem Arm oder Bein durchkriechen, um PLATZ zu lernen.

KOMM

Der Rückruf ist das allerwichtigste Signal für einen frei laufenden Hund. Wenn er zuverlässig auf KOMM reagiert, können wir ihm mehr Freiheit geben. Allerdings ist es nicht immer einfach für den Hund, sich für uns zu entscheiden.

♥ Anfangs sagst du immer dann KOMM oder HIER, wenn der Hund sowieso auf dich zuläuft. Wenn du dich hinhockst und den Arm seitlich ausstreckst, um den Hund zu locken, kommt er meist von ganz allein. Ist man zu zweit mit dem Hund unterwegs, kann einer den Hund festhalten, während der andere einige Meter weggeht und den losgelassenen Hund dann ruft. Falls der Hund gerade sehr beschäftigt ist, z. B. mit anderen Hunden spielt, sollte man ihn lieber nicht rufen. Die Gefahr ist zu groß, dass er das Rückrufsignal zwar hört, aber trotzdem nicht kommt. Er lernt dadurch, dass es Wichtigeres gibt, als auf den Rückruf zu folgen. Manchmal ist es besser zu warten, ein Stück weiterzugehen oder den Hund notfalls abzuholen. Bevor der Rückruf nicht sicher klappt, muss der Hund in vielen Situationen angeleint bleiben.

PFEIF DRAUF

Beim Pfeifentraining lernen Hunde einen Pfiff als besonders tolles Geräusch kennen. Anfangs trainierst du zu Hause Folgendes: Der Hund steht vor dir und möchte die Superbeloh-

nung (z. B. Leberwurst aus der Tube) bekommen. Du pfeifst und gibst ihm die Belohnung. Das wiederholst du mindestens zwei Wochen lang täglich mit zehn Pfiffen. Danach veränderst du die Ablenkung und den Abstand in kleinen Schritten, sodass er immer weiter laufen muss, um sich die Leberwurstbelohnung abzuholen.

TIPP

Man kann den Hund auf ein Rückrufwort oder einen Pfiff trainieren. Beide Hörzeichen sollten auch im Training immer laut genug sein, sodass der Hund sie auch über eine größere Entfernung hören kann.

RÜCKRUF

Eine ausgestreckte Hand und ein Leckerchen wird zum Handzeichen.

★ ★ ★

TIPPS ZUM HERANRUFEN

Rufe das KOMM-Signal nur, wenn der Hund vorher auf seinen Namen reagiert! Laufe in die andere Richtung, wenn der Hund zu dir schaut und locke ihn so mit! Wenn dein Hund Spielzeuge liebt, belohne ihn für das Herankommen mit einem geworfenen Ball!

ABLENKUNG

Die Leine brauchst du, wenn die Ablenkung zu groß wird. So bleibt er bei dir.

★ ★ ★

PFEIFE

Nach dem Training zu Hause wird die Pfeife nun auch unterwegs eingesetzt.

★ ★ ★

BELOHNEN

Damit der Hund auch schnell und gern kommt, belohnst du ihn mit Super-Leckerli.

★ ★ ★

STOPP

Sobald die Leine straff ist,
bleibst du stehen. Weiter geht
es an lockerer Leine.

★ ★ ★

GO

DIE LEINENFÜHRIGKEIT
NICHT ZIEHEN

In vielen Situationen muss der Hund an der Leine gehen. Dabei ist es für alle einfacher, wenn die Leine locker durchhängt und der Hund nicht daran zieht. Das Gehen an lockerer Leine nennt man Leinenführigkeit. Aber wie kann man dem Hund beibringen, sein Tempo an das seines Menschen anzupassen?

💙 Viele Hunde, vor allem junge, möchten rennen und landen dann schnell am Ende der Leine. Die Leine strafft sich und der Hund zieht seinen Menschen hinter sich her. Das passiert vor allem dann, wenn unser Hund etwas Spannendes sieht oder riecht. Wenn man jetzt nachgibt und den Hund dorthin ziehen lässt, weiß er, dass sich ziehen lohnt.

STRAFFE LEINE „ROT" – LOCKERE LEINE „GRÜN"
Besser ist es, wenn der Hund lernt, dass er nur vorankommt, wenn die Leine durchhängt. Dazu kannst du die Ampelübung trainieren: Die Ampel zeigt Rot, wenn die Leine straff ist, dann bleibst du stehen; die Ampel zeigt Grün, wenn die Leine locker ist und es geht weiter. Diese Übung solltest du immer machen, wenn du deinen Hund am Halsband führst. So kann er lernen, sein Tempo an deins anzupassen. Es gibt jedoch immer wieder Situationen, in denen das häufige Stehenbleiben nicht möglich ist: z. B. wenn du es eilig hast oder der Hund unkonzentriert ist. Dann kann der Hund an ein Brustgeschirr geschnallt werden, an dem man ihm das Ziehen vorübergehend erlaubt.

Für Hunde, die sehr kräftig sind, kann man Führhilfen benutzen. Nicht geeignet sind jedoch Kettenwürger oder Stachelhalsbänder, da diese über Schmerzen wirken und die Hunde sich häufig daran gewöhnen. Weniger Kraft zum Ziehen haben Hunde an einem speziellen Geschirr, das vor dem Hals des Hundes mit der Leine verbunden wird. Auch hier muss man jedoch den ziehenden Hund immer wieder stoppen, es geht dann allerdings leichter.

Stop-and-Go-Übung wird immer trainiert, wenn der Hund am Halsband geführt wird (Arbeit).

Ist er am Brustgeschirr angeleint, darf er ziehen (Freizeit).

DIE FUSSARBEIT
FOLGE MIR ÜBERALLHIN

In manchen Situationen ist es sinnvoll, wenn der Hund sich beim Gehen voll auf seinen Menschen konzentriert, z. B. beim Vorbeigehen an einem bellenden Hund, in der Menschenmenge oder wenn ein Vogel am Wegesrand sitzt. Wenn er die spannenden Dinge um sich herum nicht beachtet, fällt es ihm leichter, bei dir zu bleiben.

SCHAU

Das Folgen mit Hochschauen muss in verschiedenen Situationen geübt werden.

★ ★ ★

IN
POSITION

Mit Leckerli wird der Hund parallel ans Bein gelockt und zum Mitlaufen animiert.

★ ★ ★

💙 Bei der Fußübung lernt der Hund, zuerst einem Handzeichen zu folgen: z. B. einem angewinkelten Arm oder hochgehobenen Finger. Je nachdem, auf welcher Seite das Handzeichen ist, soll der Hund FUSS gehen. Dazu nimmt man die Leine in die vom Hund abgewandte Hand. Auf der Seite mit dem Handzeichen nimmst du ein Leckerli und lockst den Hund neben deinen Fuß. Dafür kann er bereits belohnt werden. Danach soll er beim Gehen mit dem Blick dem hochgehaltenen Futterstück und damit dem Handzeichen folgen. Wenn der Hund dies schafft, ohne hochzuspringen, solltest du ihn loben und danach das Leckerchen nach unten reichen. Er darf es nicht bekommen, wenn er hochspringt. Die Übung muss nun ganz oft und mit immer mehr Ablenkung trainiert werden.

Sobald dein Hund mehrere Schritte mit Blickkontakt neben dir geht, wird das Handzeichen ohne Futter gemacht. Wenn der Hund trotzdem hochschaut, lobst du ihn und nimmst sofort danach ein Leckerchen aus der Tasche, um ihn zu belohnen.

Nur wenn es richtig gut klappt, kann man diese Übung auch ohne Leine trainieren. Das nennt sich dann Freifolge und ist so etwas wie eine unsichtbare Leine. Zusätzlich zur Leinenführigkeit ist ein Kommando wie FUSS nützlich. Dabei geht der Hund eng neben deinem Bein und folgt dir aufmerksam. Wenn du deinem Hund beibringst, dich anzuschauen, während er neben dir läuft, lässt er sich nicht so schnell ablenken.

LEINENFÜHRIGKEIT Wenn du an der Leine ziehst, kommst du nicht voran! Ich gehe nur an lockerer Leine mit, sonst bleibe ich stehen oder drehe um!

BEI FUSS Gehe dicht neben mir und schaue mich an! Dafür bekommst du eine Belohnung.

SPAZIERGÄNGE

Gassigänge und lange Spaziergänge gehören für die meisten Hunde zum spannendsten Teil des Tages. Draußen treffen sie viele aufregende Dinge: vierbeinige Freunde und Feinde, jagdbare Beute, Fahrzeuge, Lärm, fremde Menschen ... Als Hundebesitzer muss man ein paar Benimmregeln beachten.

zu werden, ist meist ebenso unangenehm, wie angebellt zu werden. Damit das nicht passiert, müssen Hundebesitzer gut aufpassen, den Hund frühzeitig zu sich rufen und eventuell anleinen. In Gebieten, in denen Wildtiere wie Rehe oder Hasen vorkommen, sollten Hunde grundsätzlich angeleint geführt werden.

Gemeinsame Spaziergänge bieten die beste Möglichkeit, um ein Team zu sein. Damit der Hund uns seine Aufmerksamkeit auch draußen schenkt, muss er uns spannend finden. Neben den genannten Gehorsamsübungen sind dafür Hundespiele für unterwegs das Richtige. Im folgenden Kapitel kannst du dazu einige Ideen sammeln.

💙 Auf dem Spaziergang sollte man den eigenen Hund anleinen, sobald man einem anderen angeleinten Hund begegnet. Beim Zusammentreffen mit fremden Hunden ist es besser, wenn sie sich ohne Leine begegnen. Dazu fragt man den anderen Hundebesitzer erst einmal, ob das auch für dessen Hund okay ist. Erst wenn er grünes Licht gibt, darf der Hund den anderen begrüßen. Leider gibt es immer wieder Hundebesitzer, die dann mit Sprüchen wie „Der tut nix!" oder „Der will nur spielen!" reagieren. Allerdings möchte nicht jeder Hund von fremden Hunden begrüßt werden.

VOLLE KONTROLLE

Wenn der Hund frei läuft, sollte er durch einen besonders gut trainierten Ruf oder Pfiff jederzeit abrufbar sein. Wenn zum Beispiel Autos oder Radfahrer entgegenkommen, muss man den Hund zu sich rufen und warten, bis diese vorbeigefahren sind. Auch die meisten Spaziergänger wollen nicht von Hunden begrüßt werden. Von einem fremden Hund angesprungen

Lustige Hundespiele

SCHNÜFFELSPIELE

Hunde schnüffeln gern – am Boden, an Menschen und an anderen Tieren. Kein Wunder, denn das Riechen ist für unsere Hunde mindestens so wichtig wie für uns Menschen das Sehen. Und deshalb können wir Hunde auch so gut mit Nasenarbeit beschäftigen.

🦴 Eine einfache, aber geniale Beschäftigung sind Futtersuchspiele. Der Hund wartet dabei angeleint, während man einige Futterstücke versteckt. Er wird dann zur Suche abgeleint und mit einem Kommando wie z. B. SUCH losgeschickt. Findet er das Leckerli, lobst du ihn und beginnst eine neue Übung.

Eine weitere Aufgabe ist es, dass der Hund statt Futter einen verlorenen Gegenstand sucht. Dies geht relativ einfach mit einem Futterbeutel oder einem beliebten Spielzeug. Wenn der Hund dies findet, gibt es zwei Möglichkeiten: Er soll es entweder aufnehmen und bringen oder davor warten. Das Zeigen des gefundenen Gegenstands nennt man auch Anzeige. Für die Anzeige muss er immer schnell belohnt werden. Auf dem Spaziergang kannst du die Gegenstände später heimlich verlieren und den Hund zum Suchen losschicken. Ganz praktisch

ist es, wenn der Hund auch einen verlorenen Schlüssel oder ein Handy finden kann. Dazu ist es sinnvoll, dass du für deinen Hund viele verschiedene Dinge versteckst, die du vorher häufig angefasst hast. Wenn dein Hund die Sachen apportieren soll, dürfen sie nicht splittern oder unangenehm ins Maul zu nehmen sein.

VERSTECKSPIEL MIT DEM HUND

Eine ganz andere Möglichkeit, die Hundenase zu trainieren, ist das Verfolgen einer Fährte. Unsere Familienhunde können lernen, den Spuren eines versteckten Menschen zu folgen. Dazu sollte der Hund ein bequem sitzendes Brustgeschirr tragen und an einer ca. fünf Meter langen Leine geführt werden. Am Anfang soll der Hund den versteckten Menschen ganz leicht finden können. Das geht am besten, wenn ein dem Hund gut bekannter Mensch heimlich ca. zehn Meter an einer Hecke oder einem Weg entlang geht und sich dann versteckt. Später wird der Weg länger und führt auch mal auf eine Wiese oder in den Wald. Auf ein Kommando wie z.B. FINDEN wird der Hund dann losgeschickt. Je nach Temperament und Kraft wird er an

der Leine ziehen. Bei der Fährtenarbeit ist ein gewisser Zug an der Leine wichtig, weil der Hund immer vor uns geht und uns dabei ja führt. Allerdings sollte er uns im Schritttempo führen. Bei der gesuchten Person angekommen, wird er von dieser ausgiebig belohnt.

Einfache Nasenübungen sind das Suchen von verstecktem Futter, Futterdummy oder Spielzeug. Fortgeschrittene Hunde können dann lernen, auch verlorene Alltagsgegenstände wie einen Schlüssel zu finden.

Eine besonders spannende Übung ist das Verfolgen einer menschlichen Fährte. Dabei führt der Hund seinen Menschen an der Leine zu der vermissten Person.

APPORT

Mit einem Futterdummy kann man fast jeden Hund zum Apportieren bringen.

★ ★ ★

GO!

APPORTIEREN

Viele Hunde tragen gern ein Spielzeug im Maul, meist kauen sie dann aber darauf herum oder fordern uns auf, es ihnen abzujagen. Ein schöneres Zusammenspiel ist das Apportieren – d. h., der Hund bringt einen Gegenstand auf direktem Weg zum Menschen und gibt es auf ein Signal hin aus.

Es gibt Spielzeugfans und es gibt Hunde, die nur müde hinter einem geworfenen Ball herschauen. Beiden kann man Apportieren beibringen, jedoch auf unterschiedlichen Wegen.

DER SPIELZEUGBEGEISTERTE HUND

Hierbei benötigt man zwei identische Spielzeuge. Ein Ball wird geworfen, mit dem anderen spielen wir selbst herum. Ziel ist es, ihn gleich wieder mit dem ersten Spielzeug im Maul zu uns zu locken. Wenn er das zweite Spielzeug haben möchte, wird er irgendwann das erste Spielzeug ausspucken. In diesem Moment sagt man AUS und wirft das zweite Spielzeug. Dann beginnt das Spiel von vorn.

FÜR SPIELZEUGMUFFEL

Für sie muss ein Apportiergegenstand mehr sein als nur Gummi oder Stoff, zum Beispiel eine Futterquelle. Mit einem Futterdummy bekommt man fast alle Hunde dazu, hinter etwas Geworfenem herzulaufen. Die meisten Hunde werden versuchen, den Verschluss des Dummys selbst zu öffnen. Damit das nicht passiert, wird das Futterdummy erst einmal an eine lange Leine gebunden. Es wird geworfen und der Hund rennt hin. Während er sich an dem Dummy zu schaffen macht, ziehst du den Dummy zu dir. Dann öffnest du den Verschluss und belohnst ihn mit einem Leckerli aus dem Dummy. Jedes Mal wenn dein Hund die Futtertasche ins Maul nimmt, lobst du ihn sofort. Nach einigen gelungenen Übungen wird das Band am Dummy weggelassen. Nun musst du versuchen, deinen Hund mit dem Dummy zu dir zu locken.

Für Fortgeschrittene kann man Sitz-Bleib trainieren, wenn ein Spielzeug geworfen wird. Der Hund darf erst dann starten, wenn er sitzen geblieben ist. Dazu lässt man den Hund sitzen, geht einige Schritte weg und legt den Ball zunächst einmal nur hin. Wenn er sitzen geblieben ist: zum Hund zurückgehen und ihn mit Futter belohnen. Danach darf er auf dein Auflösungswort zum Spielzeug laufen. Auch das Ausgeben in die Hand kann man trainieren. Dabei hält man die Hand unter das Hundemaul, während man AUS sagt. Ein Tauschleckerli kann auch helfen, das es nur dann gibt, wenn der Ball in die Hand fällt. Ebenso kann der Hund lernen, dass der Ball nur dann wieder geworfen wird, wenn er in der Hand abgelegt wurde.

TIPP

Apportieren ist eine wunderbare Möglichkeit, gemeinsam Spaß zu haben. Die einfachste Form ist Werfen und Holen. Damit das Spiel nicht langweilig wird, kann man zusätzliche Übungen einbauen. Ein Sitz vor dem Start oder die Suche nach einem versteckten Spielzeug sind beispielsweise möglich.

FEST-HALTEN

AUS-GEBEN

LUSTIGE TRICKS

Für jede Menge guter Laune sorgen Tricks, von denen man Hunden viele verschiedene beibringen kann. Die bekanntesten sind Pfotegeben, Winken, Männchenmachen und Slalom durch die Beine. Diese kleinen Übungen kann man auf dem Spaziergang oder zu Hause jederzeit einbauen.

PFOTE GEBEN

Dein Hund sollte sitzen, wenn du dich vor ihm hinhockst. Jetzt hältst du ihm das Futter vor die Nase und berührst ein Vorderbein von hinten. Sobald er die Pfote vom Boden hochhebt, sagst du „Super!" und belohnst ihn. Danach musst du deine Hand unter seine Pfote legen, wenn du ihn lobst. Wenn das zuverlässig klappt, hältst du deine Hand zum Pfotegeben vor das Hundebein und wartest ab, bis dein Hund dir die Pfote gibt.

WINKEN

Ein Hund, der Pfote geben kann, ist schon gut vorbereitet, um das Winken zu lernen. Beim Winken soll der Hund die Pfote mehrmals möglichst hochheben und eben winken. Dazu solltest du dich hinstellen und das Handzeichen für Pfote-Geben etwas höher halten, so dass dein Hund nicht direkt auf die Hand tippen kann. Wenn er aus dieser Position die Pfote geben will, lobst und belohnst du ihn gleich. Beim nächsten Mal wartest du auf ein zweites Winken, bevor du „Fein!" sagst und ihm eine Futterbelohnung gibst.

SLALOM DURCH DIE BEINE

Du nimmst Futter in jede Hand und stellst dich mit nach vorn ausgestelltem Bein neben deinen Hund. Nun lockst du ihn mit der gegenüberliegenden Hand hindurch und belohnst ihn. Danach gehst du einen Schritt nach vorn und stehst wieder im Ausfallschritt und wiederholst das in die andere Richtung. Während du in mehreren Schritten nach vorn gehst, soll dein Hund immer wieder quer zwischen deinen Beinen hindurchschlängeln. Mit Futter lockst und belohnst du dabei so häufig, dass dein Hund immer motiviert mitmacht.

PENG

Dazu lockst du deinen Hund erst einmal in die Platzposition. Dann führst du das Leckerchen ganz langsam von der Nase am Hundeohr vorbei um den Kopf herum. Wenn er sich dabei auch ein wenig auf die Seite dreht und nicht aufsteht: loben und belohnen! Das wiederholst du so oft, bis dein Hund ganz ausgestreckt auf der Seite liegt und auf seine Belohnung wartet. Die Übung erfordert besonders viel Ruhe und Ausdauer.

ZUSAMMEN SPASS HABEN

Wenn man dem Hund Tricks beibringt, trainiert man ganz nebenbei die Lust am Lernen und an der Zusammenarbeit mit dem Menschen. Außerdem fördert man Ausdauer und Konzentration. Für manche Hunde und Menschen wird Tricktraining sogar zum Lieblingsfach in der (Hunde-)Schule.

DENKSPORT FÜR MIESES WETTER

Um seinen Hund im Herbst und Winter, bei Regen, Sturm und Dunkelheit ausreichend zu beschäftigen, kann man auch im Haus verschiedene Spiele anbieten. Solche Denkaufgaben sind nicht nur gut gegen Langeweile, sie fördern auch den Gehorsam, den Teamgeist und das Selbstbewusstsein.

 01

INTELLIGENZ-SPIELZEUGE

Auf Holzbrettern muss der Hund an verschiedenen Zieh- und Schiebevorrichtungen herumexperimentieren, um an das Futter heranzukommen. Dabei soll er mit der Nase stupsen, mit den Pfoten kratzen und in etwas beißen, um daran zu ziehen. Intelligenzspielzeuge gibt es fertig zu kaufen. Mit einfachen Mitteln kannst du viele verschiedene Spiele aber auch selbst bauen. Ganz einfach, aber sehr beliebt sind Päckchen aus Packpapier, in denen Futter versteckt wird. Für spielzeugbegeisterte Hunde ist es auch möglich, einen Ball zu verpacken oder diesen in mehrere ineinandergestellte Kisten zu verstecken. Aus dem Supermarkt kann man z. B. die Pappe unter Joghurtbechern mitbringen und darauf umgedrehte Plastikbecher stellen, unter die Futter gesteckt wird. Solche Hütchenspiele sind mit allen erdenklichen Dingen möglich: z. B. Eimer, Schüsseln oder Kartons.

 02

HÜTCHENSPIELE UND CO.

Du kannst auch selbst Beschäftigungsspiele basteln. Plastikbecher sind super für Hütchenspieler. Unter einem von mehreren Bechern wird der Gewinn versteckt. Durch Zeigen auf den richtigen Becher kann der Hund lernen, auf deine Zeichen zu achten.

Ganz leicht kannst du Päckchen aus Papier herstellen, in denen Futter versteckt ist. Wenn dein Hund ein Auspackprofi ist, kannst du die Päckchen auch mit Sisalschnur umwickeln und in Kartons verstecken.

Du brauchst eine Schere, eine leere Plastikflasche und Futter. Mit der Schere werden Löcher in die Flasche geschnitten, die etwas größer sind als die Futterstücke, sodass sie herausfallen können. Dann soll der Hund die Flasche drehen, damit das Futter herausfällt. Im Internet gibt es jede Menge weitere Bastelideen für begabte Hunde und Menschen.

BRETT

Hier muss der Hund Holz-
zylinder herausziehen, um an
das Futter zu gelangen.

★ ★ ★

SPIEL

1.

03

GEFÜLLTER FUTTERBALL

Statt das Futter im Napf zu reichen, kann man es auch in einen Futterball geben. Der Hund hat nun die lustige und spannende Aufgabe, den Futterball so zu bedienen, dass er an die Futterstücke gelangt. Es gibt runde Futterbälle, die der Hund herumkugeln muss, damit die Brocken herausfallen. Es gibt auch Stehaufmännchen, die den Vorteil haben, nicht so schnell unter Möbel zu rollen. Eine besonders beruhigende Wirkung haben Futterbälle, bei denen Hunde Feuchtfutter oder Hundeleberwurst herauslecken können.

Damit der Hund durch die Futterspiele nicht dick wird, sollte das Trainingsfutter immer von der Tagesration abgezogen werden. Anfangs kannst du besonders tolle Leckerli einsetzen. Später wird er so viel Spaß an der gemeinsamen Spielzeit haben, dass er sich auch für Trockenfutter anstrengt.

TIPP

Denksport ist für Hunde anstrengend. Spätestens nach fünf Minuten brauchen sie eine Pause. Aufhören sollte man immer, wenn es am schönsten ist.

Wenn der Hund etwas nicht schafft, versuche, es ihm leichter zu machen.

GEDULD
Viel Ausdauer brauchen Hunde für diese Bälle. Sie machen müde und zufrieden.
★★★

HÜTCHEN SPIELE

2.

AGILITY

Beim Springen, Balancieren, Durchkrabbeln, Schlängeln kannst du mit deinem Hund im Wohnzimmer, auf dem Spaziergang oder in der Hundeschule viel Spaß haben. Diese Turnübungen sind nicht nur eine willkommene Abwechslung im Alltag, sondern machen aus dem Hund einen begeisterten Schüler.

 01

TUNNEL

Zu Hause kann man einen Tunnel bauen, indem eine Decke über Stühle, Couchtisch oder einen Wäscheständer gehängt wird. Ein passend großer Karton, in dessen Längsseiten zwei Öffnungen geschnitten werden, ist ebenso möglich wie eine locker aufgerollte und mit Klebestreifen fixierte Isomatte. Es geht natürlich auch mit einem Spieltunnel. Wichtig ist, dass der Tunnel nicht wegrollen kann, also sollte er an den Seiten durch Gegenstände fixiert werden. Auf dem Spaziergang kann man den Hund unter einer Parkbank hindurchschicken.

In einen Tunnel muss sich der Hund erst einmal trauen. Damit er gern in den Tunnel geht, wirfst du anfangs einige Leckerli hinein. Später wirfst du beim Reinschicken ein Leckerli und rufst ihn am anderen Ende des Tunnels zu dir, um ihn dort auch noch mal zu belohnen. Wenn dein Hund freudig in den Tunnel läuft, kannst du ihn nur noch mit einem Handzeichen zum Tunnel schicken und belohnst ihn, wenn er am anderen Ende wieder herauskommt. Für Fortgeschrittene kann man aus dem Tunnel auch einen Sacktunnel machen, indem der Tunnelausgang mit einem Tuch verhängt wird.

 02

HÜRDEN

Folgende Dinge kann man als Hürde benutzen: liegender Baumstamm, Besenstiel zwischen Stühlen oder dicken Büchern, Blumenkasten, zusammengerollte Decke, Weidezaunstange mit Pflanzstab; als Reifen kommen Hula-Hoop-Reifen infrage. Dabei fängt man mit niedrig liegenden Stangen an, weil der Hund dann ruhiger arbeitet. Das erste Trainingsziel ist, dass er gern über die Hürde springt. Dazu muss man in dem Moment loben, in dem er sich dies traut. Danach soll er lernen, im Sitz ungefähr ein Meter hinter der Hürde zu warten, sodass er auf dein Zeichen losspringen darf. Hier musst du deinen Hund auch im Sitz belohnen.

sondern mit der vom Hund abgewandten Hand. Die Führhand zeichnet eine wellenförmige Bewegung um die Slalomstangen. Wenn er gut folgt, lobst und belohnst du mit der anderen Hand. Der Hund lernt so, dass es eine Belohnung auch dann gibt, wenn er kein Futter in der Hand sieht.

 03

SLALOM

Ein Slalom besteht aus acht bis zwölf Stangen, die jeweils einen halben Meter Abstand haben. Im Garten kann man ersatzweise Bambusstangen oder Weidezaunstäbe in den Rasen stecken. Im Haus eignen sich Kegel, Hütchen oder gefüllte Plastikflaschen. Auf dem Spaziergang kann dein Hund eine Baumreihe oder auch Absperrpfosten im Slalom umlaufen.

Beim Slalom lockst du deinen Hund mit der Hand so um die Stangen, dass er deiner Führhand folgt. Anfangs bekommt er nach jedem umrundeten Slalomelement ein Stück Futter aus dieser Hand. Danach belohnst du nicht mehr mit der Führhand,

TIPP Beim Agility muss der Hund genau wissen, wie er die Hindernisse richtig überwinden soll. Dabei geht es erst einmal nicht um Schnelligkeit. Stattdessen sollte der Hund jedes Gerät einzeln kennenlernen. Erst danach sollte man mehrere Geräte in einem Parcours aufbauen und für Geschwindigkeit sorgen.

GERÄTE-TURNEN

Zum
Weiterlesen

yeah!

BUROW, INKA Das große Handbuch Clickertraining.
- Positive Bestärkung - erklärt von A bis Z. Cadmos 2014

DEL AMO, CELINA; RENATE JONES-BAADE UND KARINA MAHNKE Der Hundeführerschein.
- Sachkunde - Basiswissen und Fragenkatalog. Ulmer 2009

DOEPP, SIMONE UND GABRIELE METZ Trick Dogs.
- Coole Kunststücke für pfiffige Hunde. Kosmos 2009

ESSER, JOHANNA Welpe - halten, erziehen, beschäftigen.
- Kosmos 2015

HOEFS, NICOLE UND PETRA FÜHRMANN Was liest der Hund am Laternenpfahl?
- 140 Fragen und Antworten rund um den Hund. Kosmos 2014

JONES, RENATE Welpenschule - sozialisieren, erziehen, beschäftigen.
- Kosmos 2013

KITCHENHAM, KATE UND HEINER ORTH Hundeglück.
- Gut versorgt, gut erzogen, beste Freunde. Kosmos 2013

SCHMIDT-RÖGER, HEIKE Familienhunde - 50 Rassen, die passen.
- Kosmos 2014

SCHMIDT-RÖGER, HEIKE Was denkt mein Hund?
- Hundeverhalten auf einen Blick. Kosmos 2012

SCHÖNING, BARBARA Hundeverhalten. Verhalten verstehen, Körpersprache deuten.
- Verhalten verslehen, Körpersprache deuten. Kosmos 2008

THEBY, VIVIANE Verstehe deinen Hund.
- Kosmos 2006

WINKLER, SABINE So lernt mein Hund.
- Kosmos 2014

Zum Weiterclicken

yeah

WWW.VDH.DE

Hier findest du viele Infos über Hundehaltung, Sport und Erziehung. Unter der Rubrik Welpe bekommst du einen tollen Überblick über alle Rassen mit Rassestandard und Züchteradressen, die gerade einen Wurf haben.

WWW.BHV-NET.DE

Auf der Webseite des Berufsverbandes der Hundeerzieher/innen und Verhaltensberater/innen findest du gute Hundeschulen mit kompetenten Trainer/innen, sicher auch in deiner Nähe. Schau mal nach, ob diese auch Kurse für Hunde und Kinder anbieten.

WWW.SPASS-MIT-HUND.DE

Langeweile? Auf dieser Seite findest du ganz viele Spiele, Tricks und Beschäftigungsmöglichkeiten für dich und deinen Hund. Welche magst du am liebsten?

WWW.PARTNER-HUND.DE

Fragen zu Rassen, Ernährung, Erziehung oder Urlaub? Hier findest du ausführliche Infos zu allen Themen.

WWW.TRAINING-FUER-HUNDEBESITZER.DE

Dies ist die Hundeschule von Sandra Bruns, der Autorin. Sie gibt viele verschiedene Kurse, zum Beispiel Agility oder Trainingskurse für Kinder und ihre Hunde.

FUN
GO

REGISTER

BILDNACHWEIS
64 Farbfotos wurden von **Annett Mirsberger** | Kosmos für dieses Buch aufgenommen.
Weitere Farbfotos von **Iris Anneser** (1; S. 15 r.), **Kathrin Jung** | Kosmos (1; S. 8 u. l.), **Gabriele Metz**
| Kosmos (1; S. 67 o. r.), **Michael Pramberger** (2; S. 7 r., 9 o. l.), **Heike Schmidt-Röger** | Kosmos (2;
S. 8 u. r., 9 o. r.), **Annett Seidensticker** (10; S. 33 r., 40, 46, 47 beide, 48 beide, 49, 56 M., 67 u. r.),
Shutterstock (© **Derek R. Audette** (1; S. 7 l.), © **Holly Kuchera** (1; S. 6), © **scorpp** (1; S. 35 r.), **Sa-bine Stuewer** | Kosmos (8; S. 8 o. l., o. r., 9 u. l., 11 u. l., u. r., 12 beide, 13 l.), **Tierfotoarchiv-Drewka**
| Kosmos (4; S. 13 M., r., 34, 35 l.), **Vivien Venzke** | Kosmos (6; S. 17, 18 o. l., o. r., u. l., 20 beide),
Rainer Weppelmann | Kosmos (1; S. 11 o. r.), **Charlotte Widmann** | Kosmos (1; S. 18 u. r.)

IMPRESSUM
Umschlaggestaltung von **eyecon brand design** unter Verwendung eines Farbfotos von
shutterstock © **Javier Brosch** (Umschlagvorderseite) und 4 Farbfotos von **Annett Mirsberger**.
Mit 103 Farbfotos.

HAFTUNGSAUSSCHLUSS
Alle Angaben in diesem Buch erfolgen nach bestem Wissen und Gewissen. Sorgfalt bei der
Umsetzung ist indes dennoch geboten. Der Verlag und die Autorin übernehmen keinerlei Haf-tung für Personen-, Sach- oder Vermögensschäden, die aus der Anwendung der vorgestellten
Materialien und Methoden entstehen könnten. Auch wenn sich dieses Buch direkt an die Kinder
wendet, sind die Erziehungsberechtigten ihrer Aufsichtspflicht nicht enthoben.

Unser gesamtes lieferbares Programm und viele weitere Informationen zu unseren Büchern,
Spielen, Experimentierkästen, DVDs, Autoren und Aktivitäten finden Sie unter **kosmos.de**

Gedruckt auf chlorfrei gebleichtem Papier

© 2014, Franckh-Kosmos Verlags-GmbH & Co. KG, Stuttgart.
Alle Rechte vorbehalten
ISBN 978-3-440-13418-4
REDAKTION Alice Rieger
GESTALTUNGSKONZEPT eyecon brand design, Bielefeld
GESTALTUNG UND SATZ eyecon brand design, Bielefeld
PRODUKTION Eva Schmidt
Printed in Germany / Imprimé en Allemagne

FSC
www.fsc.org
MIX
Papier aus ver-antwortungsvollen
Quellen
FSC® C004592